# 大屏STEM
## 互動教學

簡佑宏 張育瑞 趙語涵 著

五南圖書出版公司 印行

# 序

　　多數亞洲國家的教育現況仍以學科考試、升學導向為主。如何在此教育環境下，推動整合式的 STEM 教育，培養 K12 學生具備的「高階思維能力」（higher-order thinking skills, HOTS）呢？如何使其成為 21 世紀人才得與全球人才競爭、跟世界接軌呢？我想由國高中非考科的科技領域來推動，以致擴散至跨領域教學，再向下扎根到國小教育，是一條開啟培育 STEM 人才的理想途徑。其次，今年教育部開始推動 4 年 200 億的「班班有網路、生生用平板」政策；臺北市亦公布 13 億的「班班有大屏」教育政策白皮書。同樣地，科技領域在此相關政策上，又會是擔任推動軟硬體使用的重要推手。

　　作者在學術研究上，長期從事 STEM 工程設計教育的研究；在教育實務上，經年舉辦全國科技競賽、擔任國中科技中心輔導教授、共同主持科技領域研究中心的營運，深刻了解科技領域推動 K12 STEM 教育的領導作用。作者亦從事人機互動、使用者經驗研究多年，也了解推動大屏教育科技教學時，如何將大屏科技融入 STEM 互動教育的策略，和發展大屏軟硬體使用者經驗的重要性。故在國家積極推動大屏科技教育的起始點，作者起心動念，召集作者所主持的「設計與科技教育研究室」（Design and Technology Educational Research Lab, DTLab）成員，透過真正的軟硬體使用者經驗研究、實際的大屏 STEM 課程設計、發展與驗證後，透過大屏科技提供教學功能替代（Substitution）、加強 / 改良（Augmentation）、轉化 / 改造 / 重新設計（Modification）與重新定義（Redefinition）的 SAMR 方式，把大屏科技融入 STEM 教學的經

驗，透過此書分享給即將接觸大屏科技教學的第一線教師，包括整個教學資源的電子檔案。本書共有五個章節，第一至三章由研究室成員陳冠良老師協助蒐集第一、二章大屏 STEM 教育的現況與發展，游允赫老師協助蒐集第三章目前市面上能與大屏結合的應用軟體說明；第四、五章主要由張育瑞老師撰寫，第四章主要介紹發揮大屏科技互動作用的重要工具：電子白板軟體；最後第五章則以實際教學案例，介紹經過教學驗證的光控雲朵燈課程。整本書的內容最後由筆者和趙語涵老師編修、增補與潤飾。

　　希望此書能引領大屏科技教育互動的實務應用，不要讓大屏淪為昂貴的黑板，真正發揮大屏科技互動的作用，藉以推廣 STEM 教育，讓我們國家一起培育出具備高階思維能力的 21 世紀人才。

國立臺灣師範大學科技系教授

中華民國設計學會理事

教學實踐計畫人文藝術及設計學門複審委員

中華民國工業科技教育學會理事

臺北市國中科技領域輔導教授

臺師大 106、110 年度傑出教師

簡佑宏

2023 年初

# 謝 誌

本書承蒙行政院國家科學及技術委員會經費的補助（NSTC 111-2622-H-003-004）和 BenQ 明基電通提供 ideaCam 微像視訊鏡頭和內建 EZWrite 6、InstaShare 2 軟體的 85 吋大屏，讓我們臺師大 DTLab 的團隊可以從事大屏 STEM 互動課程的設計、開發與驗證，並將此課程透過教育部「在職教師科技領域第二專長學分班」推廣給各領域的教師。

在此感謝以上提及的政府單位、企業與人員的協助，讓本書相關的研究與課程發展工作得以順利進行。

# 目 錄

# 第 1 章

# 大屏教學的現況

　　全球都在推動教育數位轉型，期待在此潮流下，未來的教室將能夠全面數位化。近年來，以大型互動觸控顯示器（大屏）的軟硬體技術發展最為成熟。過去教室內需要投影機、主機設備的傳統電子白板，發展至今已逐漸由內建完整系統的大屏取而代之。大屏不論在便利性及功能上都有更優秀的展現，而現今隨著 e 化教學時代來臨，其應用於教學將越來越普及，學生及教師的接受度也越來越高。本章節將介紹大屏目前使用的現況及其推廣發展的因素。

# 現況分析

## 1-1 大屏技術突破與價格降低

近年來，市面上大屏的技術不斷升級，除了 4K 高解析度的螢幕顯示，多點觸控的技術更使互動性大幅提升，突破過去部分功能上的限制。此外，過去擔心長時間注視螢幕造成眼部傷害，現今的大屏在技術上提供低藍光、不閃屏等特色，降低使用危害及不適感。整體而言，技術提升使其有更佳的效能及附加功能，而在維持提供相同功能的前提下，價格也不像過去如此昂貴。

## 1-2 便利性的提升

大屏整合觸控與無線投影功能，支援多種裝置設備（PC、平板、手機等）與系統（Android、iOS、Windows、Mac OS），不再被裝置的設備或系統限制，也可以選擇直接插入隨身碟播放檔案，搭配內建手寫工具及各式配合教學的軟體，增加教師教學使用的便利性。

## 1-3 教室設備數位化

隨著科技發展及教學需求不斷升級，教學媒介不再侷限於傳統黑板板書的模式。從城市到偏鄉，增加學校教室的基礎設備及學習載具，補足過去缺乏的教室系統整合，數位化的教室提供師生更穩定及易於使用的教學環境，同時，教師將數位科技融入教學使學生認為課程有趣，更樂於與教師互動，也更容易專心上課。

## 1-4 政策推動

教育部在 2022 年起連續 4 年投入 200 億元推動「班班有網路、生生用平板」政策，以及部分縣市推動之「班班有大屏」，擴充數位教學與學習軟硬體、班級無線網路環境及教師培訓增能等，逐漸補足了過去教室未完善的導入準備（教室相關設備及師資培訓），將減少大屏在使用上的限制。良好的政策方針將使 e 化教學環境逐漸落實，讓教學模式更多元、學生學習更有效。

## 1-5 新冠肺炎（COVID-19）疫情影響

近幾年因為 COVID-19 疫情影響，促使教師必須接觸新的教學模式，不論是線上同步或非同步教學，或是建立混成教學環境等。藉由這些經驗的累積，教師不再像以往一樣抗拒接觸新科技，更能接受將新科技融入教學，同時配合政策之教師增能培訓，逐漸改善教師尚未熟稔大屏應用於教學之問題。

# 第 2 章

# 大屏在 STEM 教學的重要性

　　STEM（Science, Technology, Engineering, and Mathematics）跨領域教學是現今的趨勢，且隨著科技的進步，輔助教學的設備發展得更新穎，在教學中適當使用這些科技設備，提供教師更多元的教學呈現方式，且帶給學生與科技設備互動的學習環境。而使用大屏在 STEM 教學，除了將傳統教學電子化，更可以藉由大屏本身以及其與學習載具間更高的互動性，使學生投入於 STEM 課程的學習中。現今大屏的技術發展程度相當成熟，且相關政策陸續地推動，本章節將說明大屏在 STEM 教學中的特色以及其重要性。

# 重要性介紹

## 2-1 大屏在 STEM 教學將成爲基礎設備之一

在 STEM 跨領域的教學中，時常需要輔助設備支援教學，若單純使用傳統的黑板、投影機教學已不合時宜，現今逐漸被功能整合且更便利的大屏取代。大屏在一個教室內，是最直接被教學使用的設備，作爲一個傳統黑板書寫功能的替代品，其附加功能應用的方式非常多（將會在後續章節提及），因此被視爲建構智慧教室中最先更替的設備，其便利性與強大功能也將成爲 STEM 教學中基礎的設備之一。

## 2-2 內建之多媒體工具可支援 STEM 教學

在各大廠推出的大屏中，大多內建能應用於教學中的功能，例如以 BenQ 的大屏內建 EZWrite 6 軟體爲例，教學過程中可直接匯入多種類型檔案（圖片、文件等）並直接在屏幕上書寫，搭配內建小工具（如量角器、三角板、小算盤、計時器等）能直接在課堂中操作使用，抑或直接利用浮動工具在任何輸入的畫面中書寫（圖 2-2-1）。

許多大屏內建之軟體亦有支援大屏與平板手機載具進行雙向傳輸之軟體。以 BenQ 內建 InstaShare 2 爲例（圖 2-2-2），可以讓教師依照教學需求，將大屏操作畫面傳輸到多個不同的載具（手機、平板或電腦）藉以呈現操作畫面，讓位置較遠或是視覺死角的學生清楚看見操作畫面，利於學生學習。此外，學生也可透過平板等載具將其資訊反向傳輸至大屏進行共作，縮減教師教學前所耗費的準備時間，帶來教學準備的便利性。

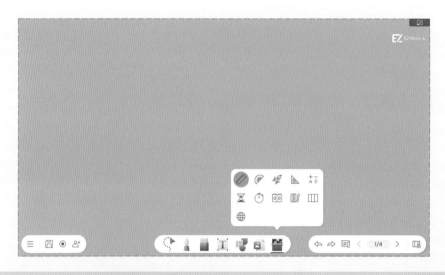

圖 2-2-1　EZWrite 6 軟體操作畫面：內建小工具
https://reurl.cc/QWLGnM

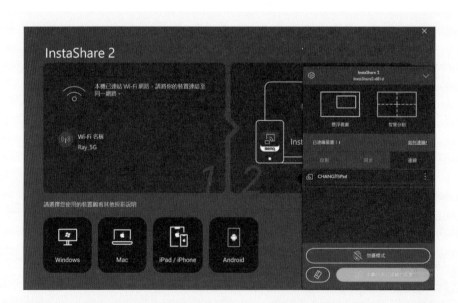

圖 2-2-2　InstaShare 2 畫面分割功能
https://reurl.cc/vmd8Vj

## 2-3　增進學習動機及加強課堂互動

教師單純透過大屏本身內建之功能進行教學，就已帶來比板書更圖像化的學習，若搭配學生人手一支的學習載具進行互動，例如學生可以即時輸入文字傳送至教師端等，透過師生間雙向的互動教學模式，除了提升學生對課程的興趣，也能使平時較內向、不擅於發言的學生提供一個交流的平臺，使師生間、同儕間的互動程度提升，帶來更好的交流與學習。

## 2-4　大屏貼近於現代學生所接觸的設備

智慧型手機與平板電腦是這一代學生成長歷程中常接觸的設備，隨手一滑就能在網路上接觸各式資訊及影音媒體，而「滑」這件事可被視為多數學生成長過程中，已經習得的技能之一。因此，學生在操作這些科技設備更容易上手。當然，不少家長提出不應該讓學生沉迷於手機或平板上。然而針對此問題，在教學中適當地限制學生使用大屏或學習載具的方式，可以使學生在進行課程的同時，持續學習適應未來科技應用的能力。

## 2-5　使用大屏在 STEM 教學中的優勢

STEM 教學的目的在於協助學生整合跨領域知識以解決生活中所遇到的問題，如何落實便是教師需要面對的挑戰，而其要點便是依據學生需求與學校環境提供適切的活動，且在活動過程適當引導學生反覆進行思考。STEM 教學比起單一學科教學更需要科技或機具設備的輔助，而「班班有大屏」政策趨勢提供教師和學生更利於教與學的環境，包括教

學準備上的便利性、提高師生間的互動性，以及增加學生的學習興趣。若教師能善加利用大屏的優勢規劃適切的教學活動，對學生的學習將是一大助益。

# 第 3 章

# 大屏內、外部軟體簡介

　　使用大屏在 STEM 教學，除了硬體設備的建置之外，搭配使用的軟體也是相當重要。如何藉由軟體，創造師生互動的過程，提升學生學習的專注力達成學習成效是教師們需要思考的地方。學生不單只有透過眼睛看到螢幕的接收，同時觸覺、聽覺都會給予增強，而這些都需要大屏及相關應用軟體的搭配才能達成，本章節將介紹可以協助教師們達成相關目標之軟體應用。

# 搭載於系統商大型觸控螢幕內之軟體

## 3-1 BenQ

　　BenQ 的大屏（圖 3-1-1）內建 InstaShare 2 程式，整合了各作業系統數位裝置的無線投影功能，舉凡使用 Windows、mac OS、iOS、Android 的裝置皆可以直接連接網路後進行無線投影。透過 InstaShare 2 程式更可以實現分割投影畫面，不論是教師在演示實作時以多角度畫面呈現，或是學生將討論結果投放而出，都可以直接透過簡單的操作將畫面顯示於大螢幕上，也可以把大螢幕上所顯示的畫面，截取到手上的裝置直接觀看。

圖 3-1-1　BenQ 大屏
http://sreurl.ccDm6Rq5

## 3-2 ViewSonic

　　ViewSonic 公司的大屏搭載了 myViewBoard 程式（圖 3-2-1），可以即時透過網頁，將裝置的畫面投影至大屏，不需要事先安裝程式，透過 myViewBoard 程式可以將大屏的畫面同步截取到手上的個人裝置，也可以將教材整合到 Google Classroom 或雲端硬碟，亦可以直接透過 YouTube 進行直播，將上課內容進行存檔。

圖 3-2-1　myViewBoard 程式介面
https://reurl.cc/ROrQx6

## 3-3　Jector

　　Jector 的大屏（圖 3-3-1）內建了 Android 以及 Windows 雙系統，不須另外外接電腦即可操作，也可以透過藍芽或 USB 連接麥克風、攝影機或隨身碟等裝置，在投影的過程中可直接開啟電子白板、計算機、螢幕錄影等工具，也可以讓多臺裝置的畫面同時顯示在大屏螢幕上。

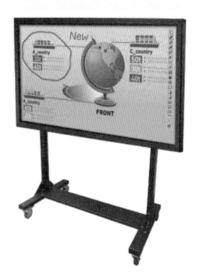

圖 3-3-1　Jector 大屏
https://reurl.cc/7jDWGd

# 大屏上常使用之外部互動軟體

## 3-4  JamBoard

　　JamBoard 原本為 Google 所開發之 55 吋互動式白板，專門提供作為教學現場所使用，學生可使用手上之個人數位裝置即時與教師進行繪圖協作與討論，不論是否有購買 Google 的 55 吋互動式白板，只須安裝 JamBoard 程式即可於線上進行共同協作（https://reurl.cc/eW37EL）。

## 3-5  Kahoot!

　　Kahoot! 是挪威的新創公司所開發的即時問答平臺（圖 3-5-1）。使用介面「模組化」的方式，讓教師只要幾分鐘就可以自行出題，或是套用網站上的海量題庫直接產生一套答題遊戲。透過數位裝置，Kahoot! 做到可多人同步答題，並即時呈現結果。教師不僅可以當場知道答對比例，亦可以了解學生在哪裡答錯。除了即時作答外，學生亦可課後重新回答自己所答錯的題目，釐清自我的觀念是否正確。

　　教師於命題時可挑選題目形式，包含測驗（選擇題）、是非題、簡答題、滑桿、排列解謎等功能。其中測驗（選擇題）與是非題為免費使用，其他功能則須付費使用。

圖 3-5-1　Kahoot 即時問答介面
https://kahoot.com/

### 3-6 | Slido

　　Slido 是一個幫「實體活動」製作講師與聽眾間「線上互動系統」的工具（圖 3-6-1），可以免費帳號註冊。Slido 基本功能滿足一般課程線上活動的需求，例如上課時即時蒐集學員問題或是票選熱門問題；演講時可以進行即時的投票互動、意見統計等活動；開會時可以進行線上腦力激盪的互動，蒐集點子並票選。此外 Slido 亦可進行多選、文字雲等多樣功能。

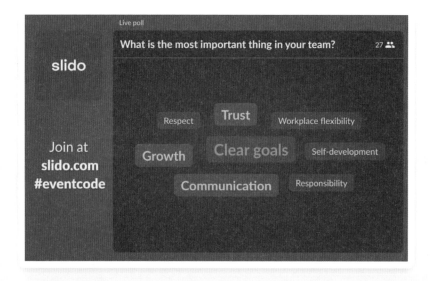

圖 3-6-1 　Slido 介面
https://www.slido.com/

# 結語

　　透過搭配不同軟體的應用，能讓教學過程不再只是單一講述，而是多了許多刺激學生思考及反應的機會，甚至需要彼此之間的合作學習才能達成目標。在整個授課過程當中，教師不再只有獨腳戲，而是能和學生進行良好互動；學生也透過不同刺激以利提升注意力及學習動機，如此一來學習成效便能提升。

# 第 4 章

# 大屏電子白板軟體介紹

　　誠如本書第一、二章所提到，教室智慧化與班班有大屏的政策推動之下，對於未來教學現場的想像中，大屏教學將會成為一種主流趨勢。以往備課時可能要準備許多實體教具，例如大型圓規、三角板等。而當課程中播放影片時，教師也無法邊看邊書寫或將重要畫面截圖進行說明。上述這些教學情境都可透過大屏以解決教學上的不便性。相較於傳統的黑板或是投影機播放投影片的教學方式，透過大屏的教學還有更多優點，譬如說教師上完課不用再滿手粉筆灰，也不用再擔心在擦黑板的過程中吸入過多粉筆灰。再如以往教師總是單方面的講授，師生互動較少。透過觸控大屏可以讓師生透過豐富的互動功能讓課堂活躍起來。簡單來說，大屏與電子白板軟體讓教學這件事變得更加靈活並增添互動性。

　　然而面對這些數位教育科技的改革浪潮，教師面對轉變的態度決定一切。有的媒體打趣的說，教師數位素養若沒跟上，課堂恐變「通靈大會 + 觀落陰」。在走訪許多學校的過程也發現有些時候大屏在教學現

場，一不小心就變成了高級電視機角色，或是面臨待在角落生出灰塵之命運。訪問許多教師的回應是，他們知道大屏功能很多很方便，在廠商進行講習時覺得不錯，但真正自己要用時，卻忘記功能在哪，或和自己之前的備課習慣差很多，以至於覺得太麻煩，因而錯失熟悉大屏教學的機會。然而，所謂大屏不單單指硬體本身，其內部或是外部支援的軟體才是整個大屏教學的核心，而若想在教學中靈活發揮觸控大屏的完整功能，則稱為觸控大屏心臟的電子白板軟體的使用將是重中之重。熟悉電子白板軟體，就可以跟上數位教育科技的改革浪潮，讓教師引領未來的數位化教學。

本書於第三章中針對了電子白板軟體，簡單列舉幾種大屏常用的軟體。在本章節以 EZWrite 6 為例，深入介紹電子白板軟體常見的教學功能，讓從未接觸過大屏或是曾接觸過但仍對大屏感到害怕，以及面對大屏卻不知該從何下手的讀者們，一步步從最基本開始上手。本書介紹的 EZWrite 6 軟體版本為 1.5.0.15。如有需要的讀者可以到 BenQ 官網進行註冊下載或是透過網頁版進行操作（https://reurl.cc/QWLGnM）。

在正式進入詳細介紹之前，請先了解 EZWrite 6 電子白板軟體基本介面（圖 4-0-1）。值得一提的是網頁版 EZWrite 6 其各功能區位置略有調整，然子選單與其他功能皆與大屏或是安裝版的功能一致，此書將以大屏與安裝版進行說明。EZWrite 6 軟體開啟後的介面如下：

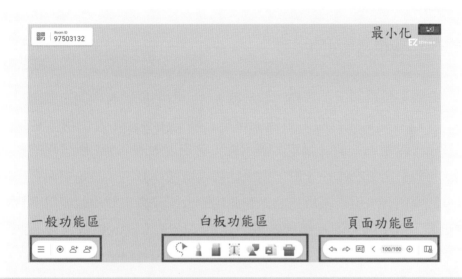

圖 4-0-1　EZWrite 6 電子白板軟體基本介面

- **一般功能區**：左下角的一般功能區主要是進行檔案的儲存、讀取、錄影、雲端平臺等功能。
- **白板功能區**：軟體介面畫面正下方的白板功能區上有選取、畫筆、橡皮擦、文字框、插入物件、匯入檔案、工具箱等功能。
- **頁面功能區**：右下角為頁面功能區，主要是可以針對頁面進行編輯。
- **最小化按鈕**：在螢幕右上方有最小化按鈕，提供軟體介面暫時性縮小的功能。比較特別的是，如果要退出整個軟體，則須透過一般功能區的退出按鈕。

# 一般功能區介紹

　　一般功能區主要處理關於環境設定及檔案編輯之內容。大多數的電子白板都具有此項基本功能，能夠儲存檔案以及讀取舊檔。

## 4-1 設定環境與更新

　　在整個螢幕的左下角為一般功能區。一般功能區有橫向 4 個圖示，點選一般功能區左方的第 1 個「選單」圖示，會在上方出現一排垂直的圖示，點選第一個「設定」圖示後，會出現如圖 4-1-1 所呈現的對話框，可以針對 EZWrite 6 電子白板軟體環境進行設定。設定畫面會呈現許多設定內容，但是不用擔心，在此處的大部分設定於一般使用下皆無須更動，其中關於顯示參考區域功能將保留至「4-36 白板導覽」進行說明。然而要注意的是，將對話框拉至下方後還可以進行更新檢視，以確保軟體保持最新版本。

圖 4-1-1　電子白板軟體環境設定

## 4-2 匯出檔案

　　垂直第 2 個「匯出」圖示的指令功能是可以將檔案匯出成 QRcode 的形式、可以用 email 分享、另存成影像檔、PDF，亦或是存成 iwb（通用的電子白板軟體副檔名），以及 EZWrite 6 軟體本身的檔案形式後，即可在其他裝置透過 EZWrite 6 軟體開啟（圖 4-2-1）。

圖 4-2-1　匯出檔案的指令

## 4-3 開啟檔案

　　垂直第 3 個「開啟檔案」圖示，點選後可支援各種大屏的檔案格式，包含副檔名為 .iwb、.ezwrite、.ppt 等檔案開啟使用（圖 4-3-1）。

圖 4-3-1　開啟舊檔指令

## 4-4 開啟新白板

　　垂直第 4 個「開啟新白板」圖示，點選後便可開啟全新的頁面（圖 4-4-1）。

圖 4-4-1　開啟全新的頁面

## 4-5　退出軟體

垂直第 5 個「退出」圖示，點選後即可退出軟體（圖 4-5-1）。此處和介面右上角最小化功能不同，點選「退出」後即完全關閉軟體。

圖 4-5-1　退出軟體的指令

## 4-6　儲存檔案

一般功能區橫向第 2 個「儲存」圖示，點選後檔案將會自動儲存成 iwb 檔（圖 4-6-1）。如果要轉換成其他類型則需要透過「4-2 匯出檔案」的方式匯出成其他檔案格式。

圖 4-6-1　儲存 iwb 檔

## 4-7 螢幕錄製

　　一般功能區橫向第 3 個「錄影」圖示，點選後會進行螢幕錄製，再次點選即完成錄製並將影片儲存於指定的位置（圖 4-7-1）。開始錄製後，可在右上方觀察錄製時間以及停止錄製（圖 4-7-2）。

圖 4-7-1　螢幕錄製功能指令

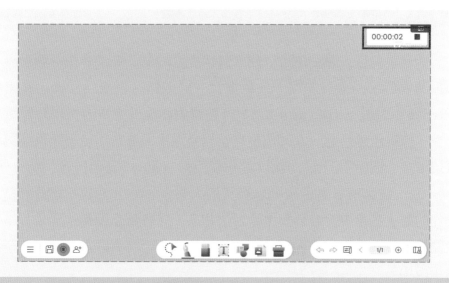

圖 4-7-2　觀察錄製時間以及停止錄製

## 4-8　雲端共作

　　一般功能區橫向的第 4 個「邀請成員」圖示，點選後會出現「邀請會員」和「加入白板」兩個圖示（圖 4-8-1）。

圖 4-8-1　邀請學生透過手持設備共同編輯大屏上的電子白板

　　「邀請會員」圖示是可以建立共作平臺的指令，讓學生透過手機、平板或電腦來到大屏的電子白板進行共同編輯。平臺建立後，會出現 QRcode 以及教室 ID（圖 4-8-2），點選對話框外空白處可以跳回電子白板。值得注意的是，當共作平臺建立完成後，會在「邀請成員」圖示旁邊增加一個新的「成員清單」圖示以及最右邊的「畫面同步」圖示（圖 4-8-3），成員清單點選後可以觀察進入共作的學生名單。教師可以在共作的學生名單中，看到學生是否已加入，同時可以編輯管理是否讓學生開始進行共作。而畫面同步圖示可以切換是否將大屏畫面同步於學生的平板中。

圖 4-8-2　平臺建立後，螢幕畫面會出現 QRcode 以及教室 ID

圖 4-8-3　橫向第 5 為新增成員清單圖示，按下後可觀察共作學生名單；第 6 為畫
　　　　　面同步切換鍵

　　「加入白板」圖示（圖 4-8-4）是讓具有 EZWrite 6 軟體的電腦、平板或是大屏，可直接透過輸入教室 ID 的方式（圖 4-8-5），經由遠端連線加入已建立好的雲端共作平臺，類似 Google Meet 的加入會議功能。

圖 4-8-4　選擇加入其他已建立之白板

圖 4-8-5　輸入已建立之白板 ID 加入共作

# 白板功能區介紹

　　EZWrite 6 介面畫面的正下方是白板功能區，可以在電子白板上進行選取、畫筆、橡皮擦、文字框、插入物件、匯入檔案、工具箱等功能。值得一提的是工具箱內有很多可以取代實體教具的小工具，例如尺、量角器、圓規、三角板、小算盤、倒數計時器、碼表、記分板、抽籤等諸多功能。除了 EZWrite 6，其他的電子白板軟體也都有類似的功能，提供教師課程講解的工具。每家廠商的小工具都略有不同，在此仍以 EZWrite 6 爲例進行說明。

## 4-9 選取功能

　　白板功能區有橫向的7個圖示。點選第1個「選取」圖示（圖4-9-1）後，可透過「點擊」方式選取螢幕上的單一圖形物件或是文字框。而如果想要選擇多個物件則可使用「拖曳框選」的方式，讓其軌跡所接觸到的物件皆被選擇，而被選物件會出現邊框以及編輯列（圖4-9-2）。

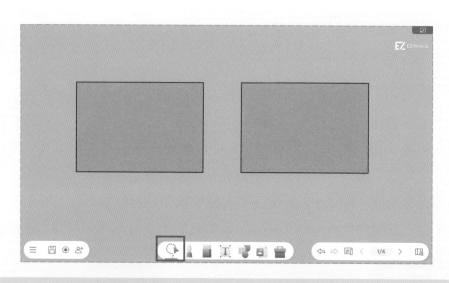

圖 4-9-1　白板功能區選取功能

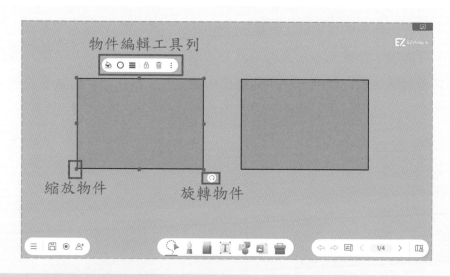

圖 4-9-2　被選物件會出現邊框以及編輯列

## 4-10 畫筆功能

　　白板功能區橫向的第 2 個「畫筆」圖示（圖 4-10-1），點選後會有畫筆、螢光筆、筆刷等三種形式選擇。而筆的顏色，除了預設的顏色外，也可以自訂新增其他顏色（圖 4-10-2）。新增顏色的選擇主要有色盤（圖 4-10-3）與色輪兩種主要類型。

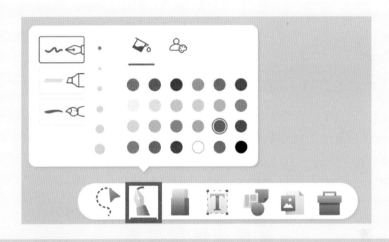

圖 4-10-1　畫筆功能

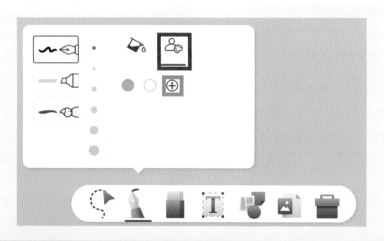

圖 4-10-2　點選紅框後，再點選綠框處新增其他顏色

圖 4-10-3　色盤

　　值得一提的部分是色輪亦具有 RGB 輸入以及吸色滴管功能（圖 4-10-4）。選擇完畢後按下儲存即可進行套用。

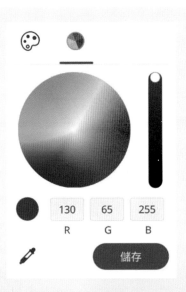

圖 4-10-4　色輪具 RGB 數值直接輸入以及吸色滴管吸附附近顏色功能

## 4-11 橡皮擦功能

　　白板功能區橫向第 3 個「橡皮擦」圖示（圖 4-11-1）。點選後會出現 3 個功能圖示子選單，由左至右分別為「部分擦拭」、「碰觸清除」與「全部清除」。「部分擦拭」之功能就如同實體橡皮擦，透過拖曳操作可清除想要擦去的部分；而「碰觸清除」則可透過直接點擊或是拖曳的方式將整段畫筆筆跡清除，然而橡皮擦之功能僅限畫筆操作之內容。關於幾何物件則需要透過「4-14 幾何圖形繪製」中提到的刪除方式執行；請留意「全部清除」清除之範圍會包含所有設定，請務必小心。然而萬一刪除全部畫面想要復原，則可參考「4-33 復原與重做」，點擊畫面右下角的「復原」按鈕即可回復成刪除前之狀態。

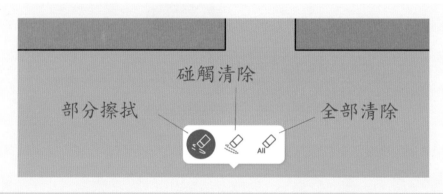

圖 4-11-1　橡皮擦功能

## 4-12 文字輸入與編輯

　　白板功能區橫向第 4 個「文字框」圖示是輸入文字的功能（圖 4-12-1）。點選後會出現文字框，可在框中透過輸入法輸入文字。文字框上方還會出現一排橫向的圖示，可以編輯文字的字型、字級、顏色、段落對齊方式等（圖 4-12-2）。比較特別的是，在進行文字編輯時，橫向的圖示上有一個「鎖定」功能（圖 4-12-3）。鎖定的意思是將已完成的文字框鎖住使其無法被點選、編輯或是誤觸，而當要解鎖物件使其可以重新再被編輯時，則須對物件長按即可出現「取消鎖定」之圖示（圖 4-12-4），點擊「取消鎖定」之圖示即可解開鎖定。另外，橫向的圖示上還有「刪除」功能（圖 4-12-5）能刪除物件，此外橫向圖示上最後一個三個點點圖示為「更多」功能。按下後會出現子選單，依序是將物件「移到最上層」、「移到最下層」、「複製貼上」以及「設定超連結」（圖 4-12-6）。

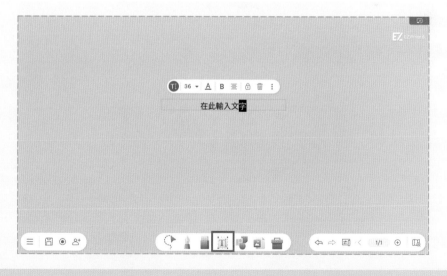

圖 4-12-1　輸入文字的功能

圖 4-12-2 文字外觀編輯

圖 4-12-3 鎖定功能

圖 4-12-4 長按出現解鎖圖示

圖 4-12-5 刪除文字框

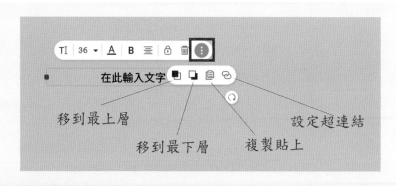

圖 4-12-6　更多延伸選單

## 4-13 便利貼

　　白板功能區橫向第 5 個「插入物件」圖示，選擇子選單中「便利貼」圖示（圖 4-13-1），使用者可透過便利貼上方工具列進行相關編輯，詳細內容請回顧上一小節。

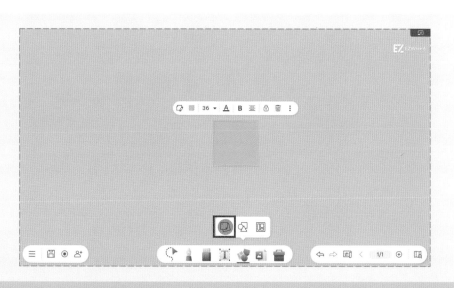

圖 4-13-1　便利貼功能

## 4-14 幾何圖形繪製

　　承繼上一小節，點擊白板功能區之「插入物件」，開啟子選單中「幾何圖形」圖示（圖 4-14-1），點選後即可開啟圖形繪製功能，可選擇直線、矩形、圓形、多邊形等各種平面圖形之外也有立體圖形的選項。

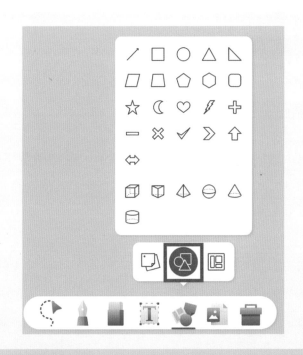

圖 4-14-1　幾何圖形繪製功能

　　點選圖形後即在畫面上出現預設的基本圖形，使用者可透過點選物件後上方出現的一排橫向圖示，加以編輯圖形的填滿顏色、線條顏色、線條粗細，或是設定大小以及旋轉等（圖 4-14-2）編輯成需要的圖形。

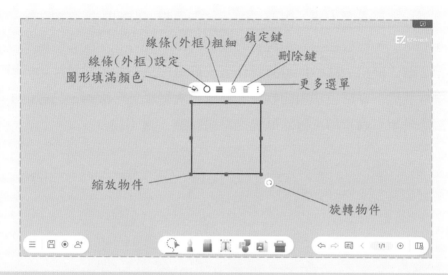

圖 4-14-2　圖形編輯功能介紹

## 4-15 群組物件功能

如果想要將物件進行群組，首先在畫面上必須先具有兩個以上的物件，例如文字框、幾何圖形，或是自行匯入的圖片等等，接著利用下方白板工具列橫向第 1 個「選取」圖示。劃過想要群組的所有物件後（如圖 4-15-1），即會在上方出現新的橫排（圖 4-15-2），接著點選上方橫排第 1 個「群組」圖示即可將物件組成群組。然而如果想要解除群組，在選取狀態下點擊已群組的物件，將會再次出現上方橫排，點選第 1 個「解除群組」圖示即可解除原先之群組狀態（圖 4-15-3）

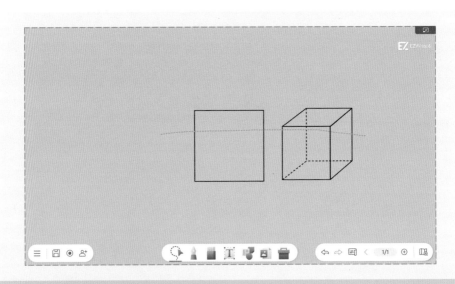

圖 4-15-1　拖曳選取欲進行群組之物件

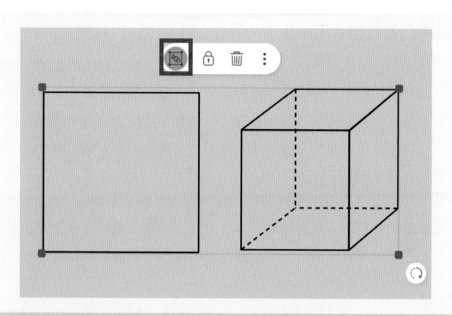

圖 4-15-2　組成群組功能

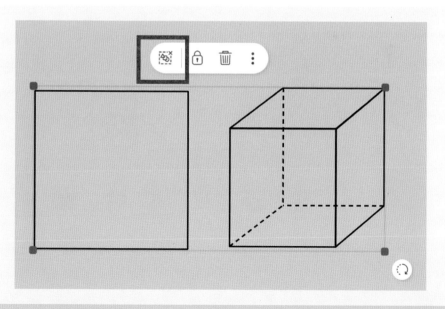

圖 4-15-3　解除群組功能

## 4-16 內建樣板

　　當我們需要一些樣板，例如五線譜、直角坐標、球場平面圖、空白表格等，即可點選白板工具列橫向第 5 個「插入物件」圖示，叫出子選單後選擇「樣板」圖示（圖 4-16-1）。點擊之後就會出現內建樣板清單提供選擇，除了內建的樣板清單之外，使用者也可以點擊清單中最左上角圖示，匯入自行設計的樣板（圖 4-16-2），特別留意，可供匯入的樣板支援格式為常見影像類型如 .jpg、.jpeg、.png、.bmp、.gif。當選定樣板後即會在電子白板畫面上以物件方式呈現。但值得一提的是，此時樣板是呈現鎖定狀態的，可以透過針對樣板長按後解除鎖定（解除鎖定的相關方法可回顧「4-12 文字輸入與編輯」），解除鎖定後物件上方出現之工具列則可對該樣板進行裁切、鎖定、刪除。點選最右邊「更多」選單則會有最上層、最下層、複製與設定超連結等簡單編輯功能（圖 4-16-3）。

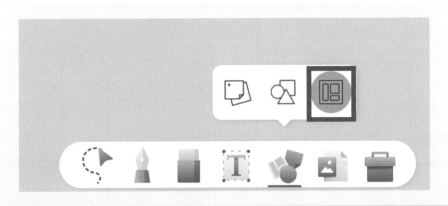

圖 4-16-1　開啟樣板功能

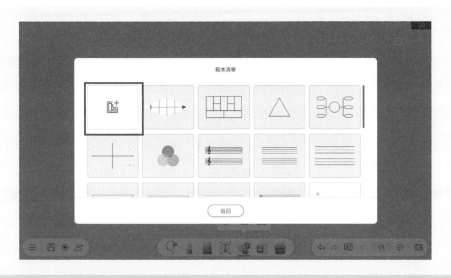

圖 4-16-2　內建樣板清單

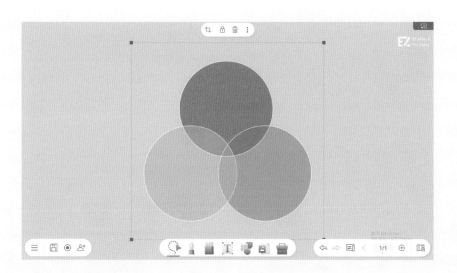

圖 4-16-3　內建樣板示範

## 4-17 匯入影像檔案

　　如果想要匯入位於隨身碟、電腦或大屏的內存圖片，可以開啟白板工具列橫向第 6 個「匯入檔案」圖示，並於開啟子選單後，選擇「影像檔案」圖示（圖 4-17-1）。特別值得一提的地方是，如果外接攝影機後，電子白板系統將在「影像檔案」圖示的左方新增「從攝影鏡頭」圖示（如圖 4-17-2）。點擊「影像檔案」圖示後，透過檔案總管找到檔案後點選開啟即可匯入圖片檔案。EZWrite 6 軟體所支援的影像檔案格式有 .jpg, .jpeg, .bmp, .png 等（圖 4-17-3）。須留意匯入圖形的大小有 10MB 的大小限制，當影像檔案匯入完成後即可直接在大屏進行編輯（圖 4-17-4），此外也可透過拖曳白點處進行裁切範圍的設定（圖 4-17-5）。

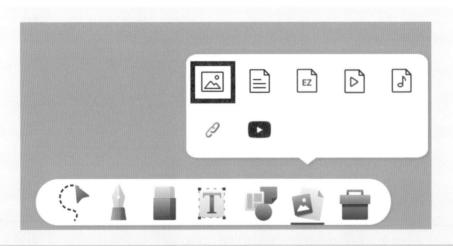

圖 4-17-1　匯入影像功能

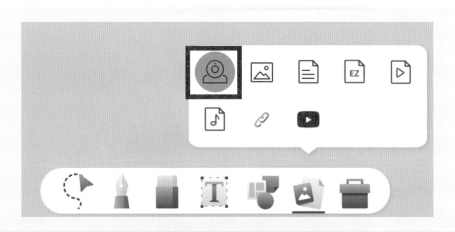

圖 4-17-2　外接攝影機後才出現的攝影機圖示

圖 4-17-3　選擇電腦影像位置

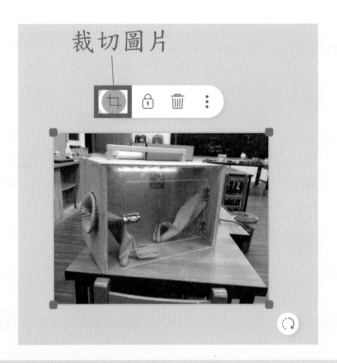

圖 4-17-4　裁切圖片功能

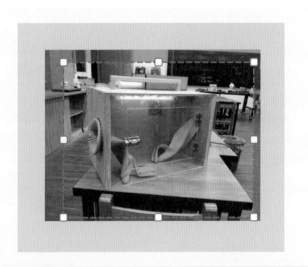

圖 4-17-5　裁切範圍調整

## 4-18 匯入文件

　　EZWrite 6 本身支援多種文件副檔名形式，例如 .pdf 或是 .ppt、.doc、.xls 等 Office 系列軟體檔案的匯入。如果想要在 EZWrite 6 匯入文件檔案，可以點擊白板功能區橫向第 6 個「匯入檔案」圖示以開啟子選單，接著點擊子選單中「文件、PDF」圖示（圖 4-18-1）。接著透過檔案總管視窗選取文件後，則會出現文件頁面的詢問頁面（圖 4-18-2），可勾選部分頁面或是全部頁面進行匯入。隨後匯入的文件即會出現在電子白板上（圖 4-18-3），此時文件會以分頁的方式呈現，如果想切換分頁可參考本書「4-35 頁面管理」功能進行切換。需要特別留意的是，匯入的文件 EZWrite 6 皆視爲物件，並且預設爲鎖定狀態，鎖定之物件可透過長按解除鎖定，解鎖後即可對該物件進行裁切等簡單編輯。值得一提的是，許多教科書廠商所提供的教材也幾乎都有支援，因此可直接匯入加以應用。

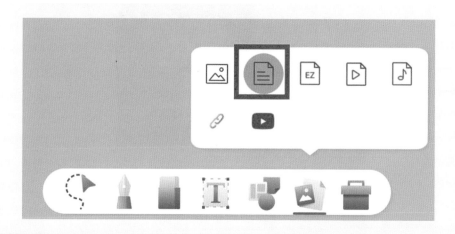

圖 4-18-1　匯入文件功能

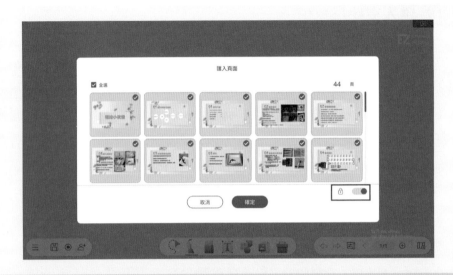

圖 4-18-2　勾選匯入頁面，右下角可選擇匯入頁面鎖定與否

圖 4-18-3　匯入頁面能進行簡單編輯功能

## 4-19 匯入電子白板檔案

點擊白板功能區橫向第 6 個「匯入檔案」圖示後，開啟子選單中的「電子白板檔案」（圖 4-19-1），即可匯入副檔名為 .iwb、.ezwrite、.notebook、.filpchart、.ppt 等檔案。

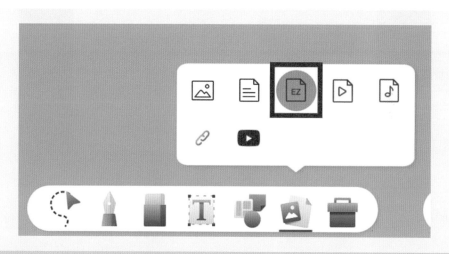

圖 4-19-1　匯入電子白板檔案

選擇檔案後會出現如同前一章節所述，勾選想匯入的頁面即可，本節範例是以 .iwb 檔爲例（圖 4-19-2）。

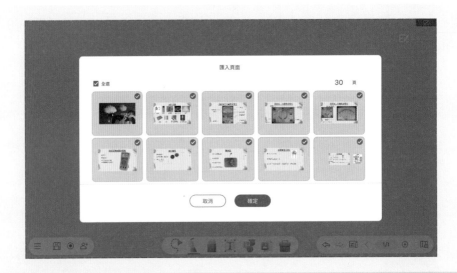

圖 4-19-2　勾選匯入頁面

## 4-20 匯入視訊

　　點擊白板功能區橫向第 6 個「匯入檔案」圖示，開啟子選單點選「視訊檔案」圖示（圖 4-20-1），即可透過檔案總管視窗選擇大屏、電腦或隨身碟內部之視訊影片檔案進行匯入。特別需要留意的是內嵌視訊的檔案具有 **20MB** 的大小限制。

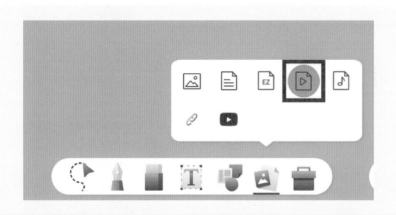

圖 4-20-1　內嵌視訊檔案功能

　　而匯入完成後即在電子白板頁面出現視訊物件，針對視訊也有許多功能可以進行調整，值得一提的是影片截圖功能，能夠在欣賞影片的過程加以截圖供後續講解應用（圖 4-20-2）。

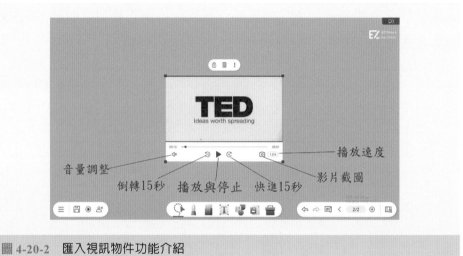

**圖 4-20-2**　匯入視訊物件功能介紹

## 4-21 匯入音訊

　　點擊白板功能區橫向第 6 個「匯入檔案」圖示後，於子選單中選擇「音訊」圖示（圖 4-21-1），即可將電腦或大屏內存之音樂或語音檔匯入至白板畫面中形成播放物件（圖 4-21-2）。

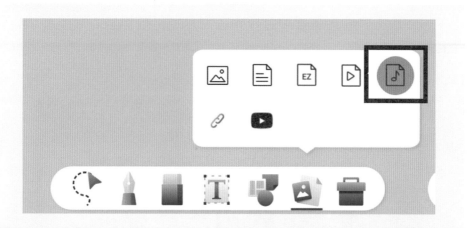

圖 4-21-1　匯入音訊功能

圖 4-21-2　匯入音訊之工具列，亦可調整聲音與播放速度

## 4-22 製作超連結

　　畫面正下方白板功能區，點選橫列中第 5 個「匯入檔案」圖示，會開啟子選單，選擇「連結」圖示（圖 4-22-1），在新增書籤連結對話框中輸入網址（圖 4-22-2）後，就可以直接建立一項超連結書籤於主畫面上，且上方工具列會出現開啟網頁的圖示（圖 4-22-3）。除此之外，許多物件與文字的更多延伸選單中也可以進行超連結的功能。請參考「4-16 內建樣板」。

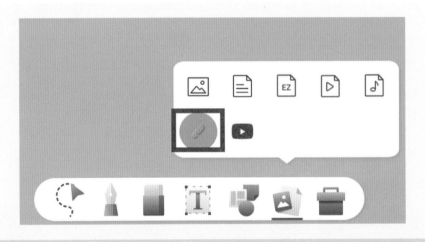

圖 4-22-1　超連結功能

圖 4-22-2　輸入超連結網址

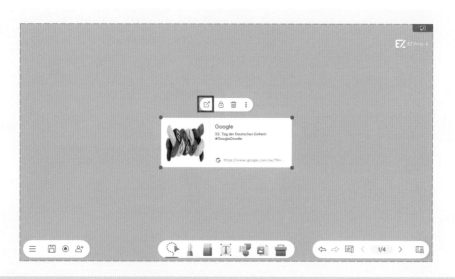

圖 4-22-3　超連結書籤與開啟網頁圖示

## 4-23 匯入 YouTube 影片

　　如果想將 YouTube 影片嵌入至電子白板的畫面上，可點擊白板功能區橫向第 6 個「匯入檔案」圖示，開啟子選單後選擇「YouTube」圖示（圖 4-23-1），同樣於網址對話視窗中輸入影片網址並按下套用（圖 4-23-2），YouTube 影片物件則會如同 4-20 所提及匯入視訊的形式呈現。與匯入視訊不同的地方是 YouTube 影片物件上方工具列是出現開啟網頁的圖示，點擊後即可直接開啟 YouTube 網頁（圖 4-23-3）。

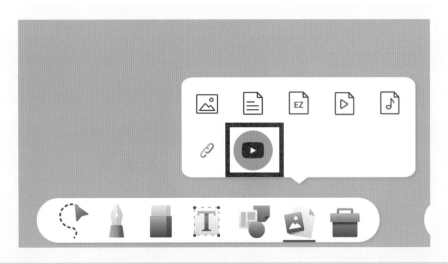

圖 4-23-1　內嵌 YouTube 影片功能

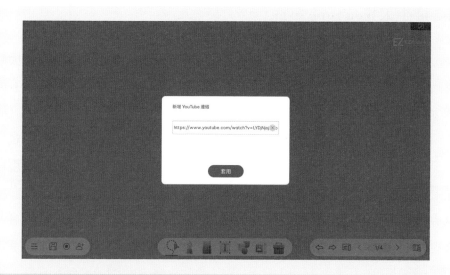

圖 4-23-2　輸入網址畫面

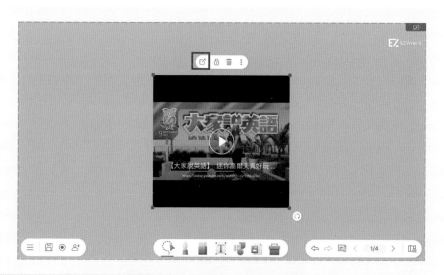

圖 4-23-3　YouTube 物件與上方工具列開啟網頁功能

## 4-24 小工具

位於白板功能區橫向第 7 個「工具箱」圖示中，收納各種上課可能用到的小工具，諸如尺、量角器、圓規、三角板或是碼表、籤筒等等，減少於課程中攜帶此類實體教具的負擔。

開啟「工具箱」出現的子選單前四項分別為尺、量角器、圓規與三角板（圖 4-24-1）。開啟直尺工具可以自行輸入旋轉角度、手動調整角度，或是拖曳以伸縮直尺長度（圖 4-24-2）；而量角器工具可以在白板上畫出特定角度、弧以及扇形（圖 4-24-3）；圓規工具操作方式和實體圓規相當類似，移動圓規至畫記位置後，調整開合度，拖曳圓規畫筆端即可繪製圓形（圖 4-24-4）；三角板功能介紹如圖 4-24-5。值得一提的是以上工具都可與下方白板工具列橫向第 2 個「畫筆」，以及橫向第 3 個「橡皮擦」功能搭配使用。

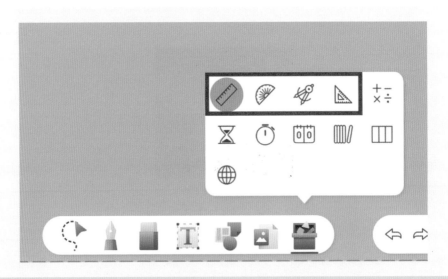

圖 4-24-1　小工具功能列

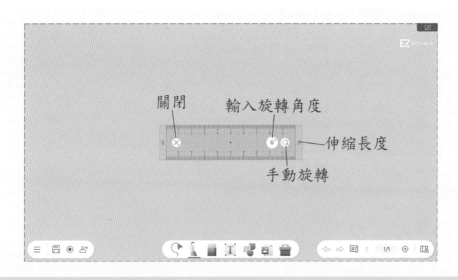

圖 4-24-2　直尺工具功能介紹

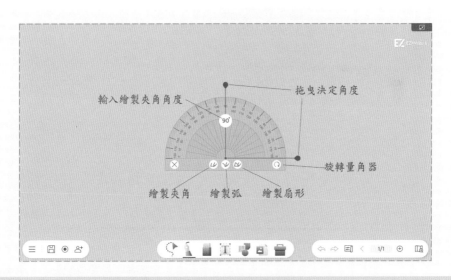

圖 4-24-3　量角器功能介紹

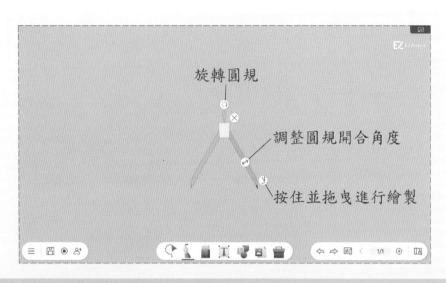

圖 4-24-4　圓規功能介紹

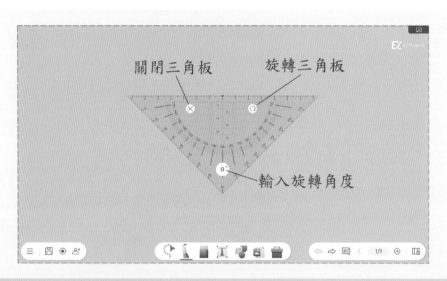

圖 4-24-5　三角板功能介紹

## 4-25 開啟計算機

於白板工具列之「工具箱」子選單中點選「小算盤」圖示（圖 4-25-1），即可在電子白板中開啟小算盤。

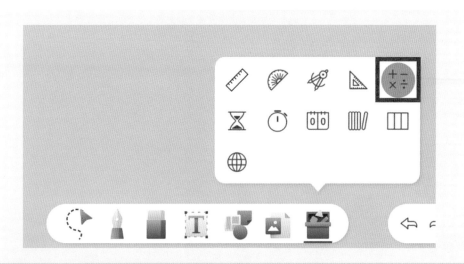

圖 4-25-1　小算盤功能

可直接在白板中進行計算，以降低尋找計算工具的麻煩（圖 4-25-2）。

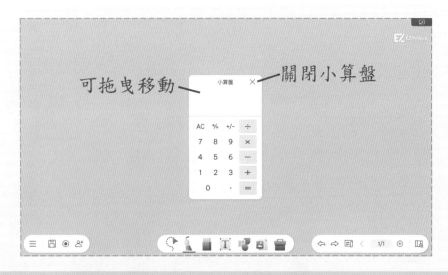

圖 4-25-2　小算盤於白板上的呈現情形，並可對其拖曳移動

## 4-26 開啟倒數計時器

於白板工具列之「工具箱」子選單中點選外表爲沙漏圖示的「倒數計時器」（圖 4-26-1），接著選擇需要倒數的時間長度，選擇完畢後按下開始即可。

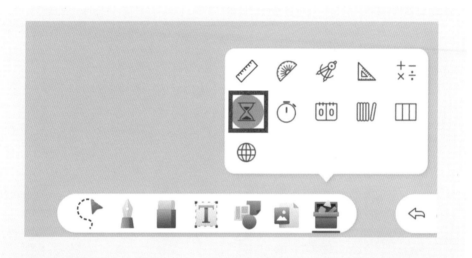

圖 4-26-1　倒數計時器功能

　　值得一提的是可以將倒數計時器最小化，在背景繼續執行計時，讓課程方便繼續進行。而如果想將計時器還原則只須再次點擊即可恢復（圖 4-26-2）。

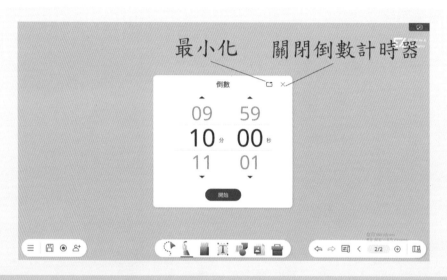

圖 4-26-2　倒數計時器介面

## 4-27 開啟碼表

於白板工具列之「工具箱」子選單中點選外表為碼表圖示的「碼表」（圖 4-27-1）。

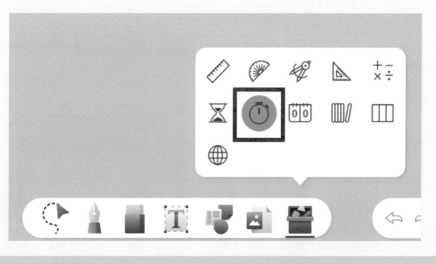

圖 4-27-1　碼表功能

除一般碼表計時外，亦支援分次記時。碼表和倒數計時器一樣可以點選最小化繼續執行（圖 4-27-2）。

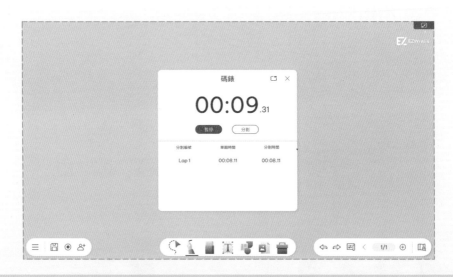

圖 4-27-2 　碼表可單 / 分次計時

## 4-28 開啟記分板

　　當需要進行分組記分時，於白板工具列之「工具箱」子選單中點選
「記分板」圖示（圖 4-28-1），接著在隊伍頁面選擇隊伍數量，可依照
班級分組狀況選擇，目前版本支援 1-8 組（圖 4-28-2）。當記分板建立
完成後，可以針對各小組進行命名、加減分等功能（圖 4-28-3）。

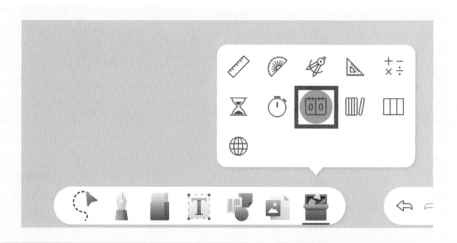

圖 4-28-1　記分板功能

圖 4-28-2　選擇隊伍數介面

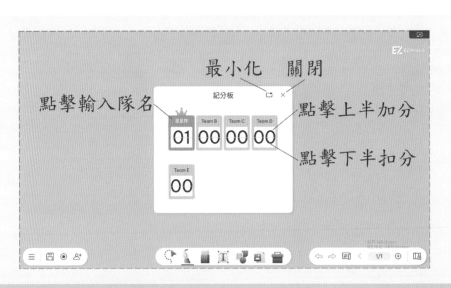

圖 4-28-3　記分板功能介紹

## 4-29 開啟抽籤

當需要抽籤功能時，可於白板工具列之「工具箱」子選單中點選「抽籤」圖示（圖 4-29-1）。

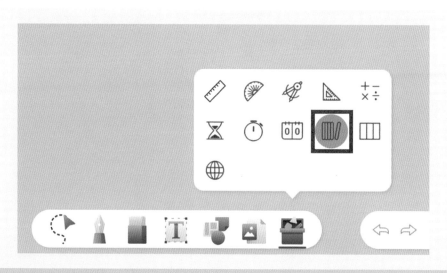

圖 4-29-1　抽籤功能

開啟後可以設定抽出籤數以及範圍（圖 4-29-2），設定完成後即可按下開始進行抽選。此外，當抽籤執行中也可以將抽籤工具最小化。

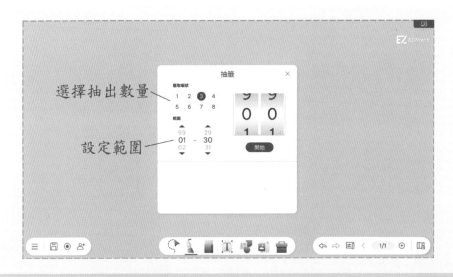

圖 4-29-2 抽籤介面功能介紹

## 4-30 分割畫布

　　當需要小組競答時，可於白板工具列之「工具箱」子選單中點選「分割畫布」圖示（圖 4-30-1）。點選後可選擇將電子白板畫面分割成二或三等分（圖 4-30-2）。分割後畫面如圖 4-30-3，左下方亦有簡易工具列提供管理，分別可以針對畫面狀況進行「錄影」、將已完成之作答「截圖」後分享至白板、分享至 QR 碼或是另存爲影像，教師亦可在此頁面建立簡易問答。其中關於建立簡易問答：教師可手寫問題後按下「全部貼上」（圖 4-30-4），即可同時複製到各個分割視窗（圖 4-30-5）。

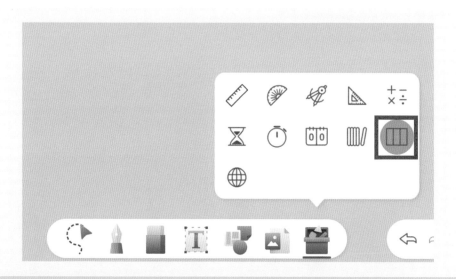

圖 4-30-1　分割畫布功能

圖 4-30-2　分割數量選擇

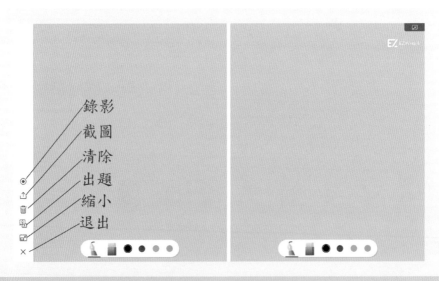

圖 4-30-3　分割畫布左下角功能列介紹

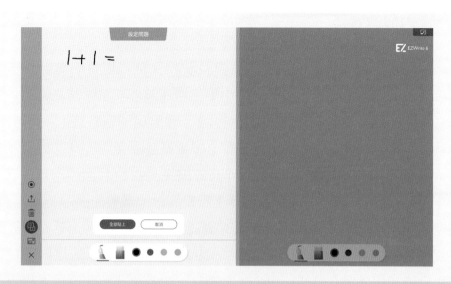

**圖 4-30-4　建立問答並複製**

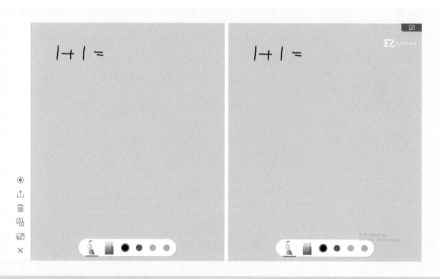

**圖 4-30-5　問答呈現範例說明**

## 4-31 內嵌瀏覽器

　　如果在上課中途想開啟瀏覽器尋找資料，可不用再切換畫面，透過白板工具列之「工具箱」子選單中點選地球圖形「瀏覽器」圖示（圖4-31-1），開啟瀏覽器頁面後，下方除了會出現「回首頁」、「重新整理」等常見功能外，EZWrite 6 亦支援螢幕截圖與即時書寫功能（圖4-31-2）。此外瀏覽器上的圖片可直接拖曳至白板頁面中（圖 4-31-3）。點選最下方網址列後會在螢幕上出現開啟小鍵盤的圖示（圖 4-31-4），開啟小鍵盤後再點擊上方搜尋列就能輸入搜尋條件，另外亦可針對小鍵盤進行細部設定（圖 4-31-5），接著可找尋外部網站以作為教學應用示範。如果還有需要使用，可點選右下角最小化將此瀏覽器暫時收起來。值得一提的是在圖 4-31-2 中右下角的螢幕截圖或是畫筆功能，可支援於瀏覽器物件中直接進行螢幕截圖與重點劃記書寫等功能（圖4-31-6）。

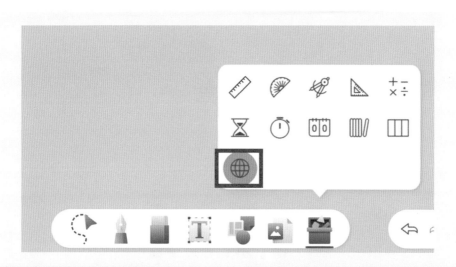

圖 4-31-1　　內嵌瀏覽器功能

圖 4-31-2　　瀏覽器頁面功能介紹，點選螢幕截圖與畫筆後可在瀏覽器上進行操作
（見圖 4-31-6）

圖 4-31-3　拖曳瀏覽器圖片至白板

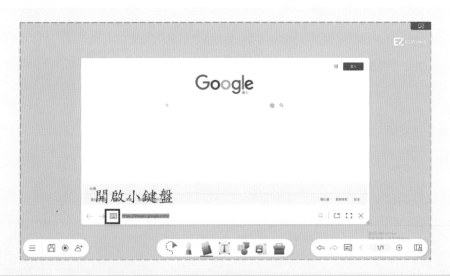

圖 4-31-4　輸入法位置說明

**圖 4-31-5　小鍵盤介面介紹**

**圖 4-31-6　進行畫面截取與即時書寫功能**

## 4-32 外接攝影機

　　這項功能較爲特別，必須接上攝影機之後才會出現，具體位置會位於白板功能區橫列第 6 個「匯入檔案」圖示，出現於子選單中最左側圖示「從攝影鏡頭」（圖 4-32-1）。

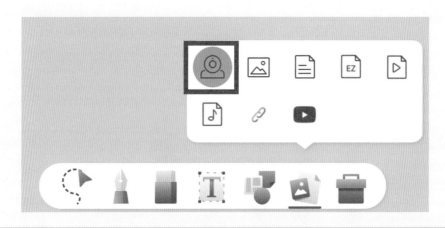

圖 4-32-1　外接攝影機功能

開啟後出現攝影機介面，詳細功能如圖 4-32-2 。

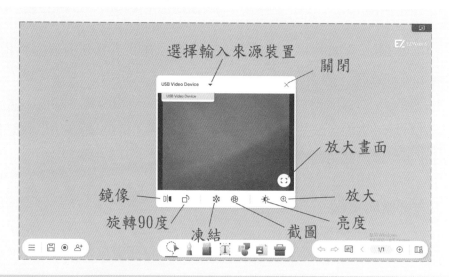

圖 4-32-2　攝影畫面功能介紹

# 頁面工具列

　　EZWrite 6 介面的右下角為頁面工具列，在此工具列橫列中共有 7 個圖示可供選擇，由左至右分別為「復原」、「重做」、「背景」、「上一頁」、「頁面預覽」、「新增一頁」與「白板導覽」功能。可在此區進行增減頁面、改變頁面順序、設定背景等功能。此外如果做錯步驟時也可以透過此處復原上一步驟。

## 4-33 復原與重做

　　頁面工具列橫向第 1 與第 2 個圖示分別是復原與重做，當不小心做錯需要回到上一步驟時即可點選「復原」回到上一個動作，而不小心復原過頭也可透過「重做」圖示修正（圖 4-33-1）。

圖 4-33-1　復原與重做功能

### 4-34 更換白板背景

點擊頁面工具列第 3 個「背景」圖示，可針對設定背景格線及顏色進行調整，如果沒有喜歡的顏色也可透過加號（綠框處）（圖 4-34-1），設定自訂的背景顏色，設定方法請參考「4-10 畫筆功能」。

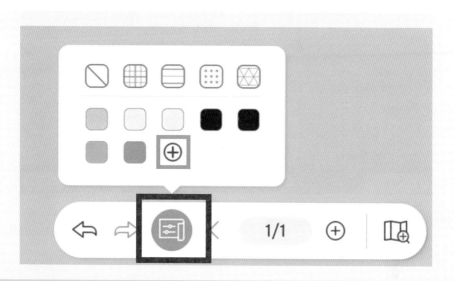

圖 4-34-1　更換背景功能

　　設定完成後按下儲存，隨後再點選剛才新設定的顏色即可進行背景顏色更換（圖 4-34-2）。

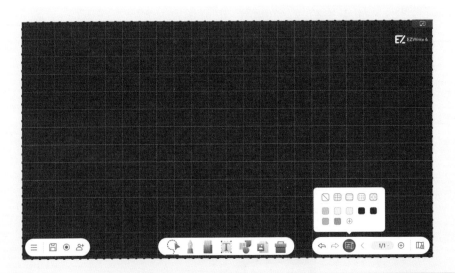

圖 4-34-2　背景更換後的呈現結果

## 4-35 頁面管理

　　頁面管理功能較為多元，本節將從如何新增頁面、頁面預覽、翻頁、更換頁面順序、如何複製與刪除頁面進行說明。

　　首先，想新增一頁可點擊螢幕右下角頁面功能區橫向第 6 個加號圖示「新增一頁」（圖 4-35-1）直接新增一個新的白板頁面，此功能類似 PowerPoint 的新增投影片功能。接著想要查看所有頁面的縮圖，可以點擊頁面功能區橫向第 5 個「頁面預覽」圖示（圖 4-35-2），開啟後可以看到所有頁面的縮圖，可直接點擊預覽縮圖即可快速跳至該頁面。值得一提的是，如果頁數較多時，可點擊頁面縮圖並上下滑動以進行滾動預覽。

圖 4-35-1　新增一頁功能

圖 4-35-2　頁面預覽圖示

　　順帶一提，在「頁面預覽」的狀態下，頁面工具列此時下方原本的第6個「新增一頁」的加號圖示，於多頁情況下會改成「下一頁」功能。因此除了直接點擊跳頁外，也可利用頁面工具列第4個「上一頁」與第6個「下一頁」進行切換頁面（圖4-35-3）。

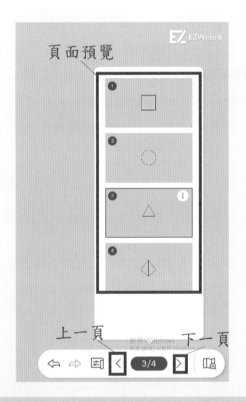

圖 4-35-3　頁面預覽與切換頁功能。在頁面預覽處上下滑動可讓頁面滾動顯示並點擊跳頁，亦可使用上一頁、下一頁功能進行換頁

　　而想要更改頁面之間的順序，在「頁面預覽」中長按想移動的頁面，等待該頁面變成透明時，即可拖曳移動該頁面排列順序（圖 4-35-4）。最後，針對每一個頁面的編輯，在「頁面預覽」的縮圖中，選取想要編輯的頁面後，右上角會出現三個點的「更多」圖示，點擊後即可進行編輯（圖 4-35-5、圖 4-35-6）。

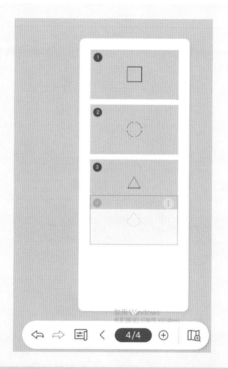

圖 4-35-4　長按並拖曳更換頁面順序

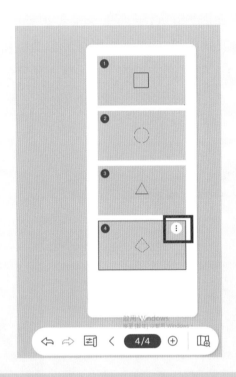

圖 4-35-5　開啟頁面管理更多功能

圖 4-35-5　開啟頁面管理更多功能

圖 4-35-6　頁面更多延伸功能介紹

## 4-36 白板導覽

　　在頁面工具列最右邊「白板導覽」圖示中，可以針對目前頁面進行「自動調整」、「重設」、「縮小」與「放大」（圖 4-36-1）。其中自動調整的功能為讓使用者檢視所有可用之頁面空間（圖 4-36-2）；重設則是將目前畫面縮放為預設頁面（參考框線之範圍）；縮小與放大功能則是可透過手動調整目前頁面的大小，點擊一次則會出現 25% 的調整幅度，如果想要微調則可透過兩指於螢幕開合或是滑鼠滾輪進行。特別值得一提的是如果想要關掉參考框線，可參考「4-1 設定環境與更新」，到左下角一般功能區中點選左方的第 1 個「選單」圖示，在上方垂直排圖示中，點選第一個「設定」按鈕開啟對話框，將顯示參考區域滑至另一端即可取消顯示（圖 4-36-3）。

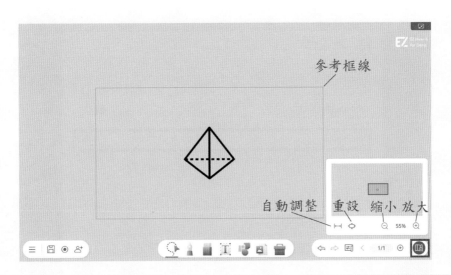

圖 4-36-1　白板導覽功能，可針對目前所在白板進行縮放、快速檢視

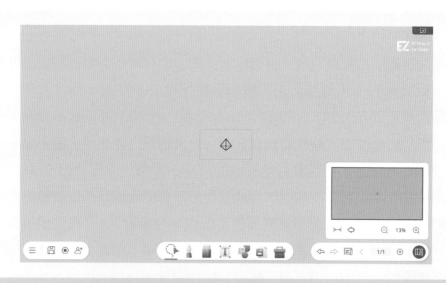

圖 4-36-2　按下自動調整以檢視所有可供利用的頁面空間

圖 4-36-3　切換參考區域顯示

# 第 5 章

## STEM 示例分享
## ——以光控雲朵燈為例

### 前言

在真實世界中，倘若只依靠單一學科的知識，往往無法順利解決生活中所面臨的各種問題與困境。因此，為了因應高科技社會的瞬息萬變，具備 STEM 所蘊含的跨域知識整合能力將是極其重要的。而此世代的教學者也必須思考該如何進行 STEM 教育，讓學生於學習時得以整合各學科知識，最終達成培育整合且深具解決問題能力的人才。在面臨大量 AI 取代人力的時代中，具備 STEM 的能力者才得以擁有其不可取代性。

在本章節中，將分享一份 STEM 應用於大屏的教學範例。STEM 教學方法中經常會使用 PjBL 教學，意指專題導向學習（Project-based Learning）。在這類型的教學中，學生在完成一項或多項最終任務的過程中，將會面臨到許多困難與問題，他們必須學習整合其先備知識以及新學到的知識與技巧，一一將許多小問題解決，並且能將心中的想法，透過思考與雙手將之完成。

本書將透過張育瑞老師之光控雲朵燈之課程設計，深入介紹如何運用大屏進行電與控制專題，在此專題中讓學生了解透過光敏電阻與電晶體的作動，讓 LED 銅線燈能夠因應外界光線明暗作出相對應的反應。

　　此外在本專題中，將引導學生學習光線如何透過反射原理讓物件可見，並了解簡單的光電效應原理及電學原理。同時，也讓學生學習三用電表的使用方法，學習何謂光敏電阻、C1815 電晶體、發光二極體與電源等電子零件，以及這些電子零件的電學特性和符號的辨別。在此專題中，學生亦能學會正確的使用銲槍工具進行電子零件銲接，且透過碳膜電阻的電阻值判斷，了解科學記號的意義以體現數學的基本知能。隨後透過回收使用的寶特瓶作為外型基礎以探討環境保護議題。

　　最終讓學生對於雲朵的意象進行詮釋，讓自己的雙手創作獨一無二的雲朵外型，體現其創意想法。最重要的是，本章將透過光控雲朵燈此一專題體現大屏使用 STEM 教學的示範。

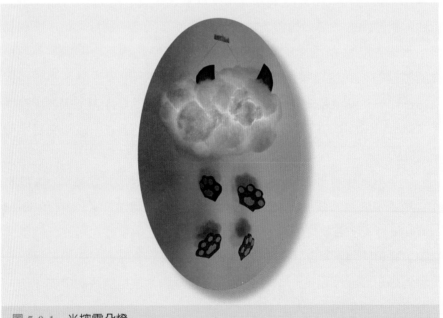

圖 5-0-1　光控雲朵燈
圖片來源：桃園草漯國中鄭如潔老師

# 大屏教學應用實例

接下來介紹透過大屏實際上進行教學之內容與情形。

## 5-1 材料發放時的應用

　　進行專題時會面臨材料發放的情形，然而常常碰到的問題是課程進行到一半時，學生會跑來跟教師說他缺什麼材料。於此，教師可將元件清單詳列並透過電子白板和學生一一確認清單（圖 5-1-1）。此處可利用「4-10 畫筆功能」，進行元件的標註和勾選，畫筆位置如圖 5-1-2。

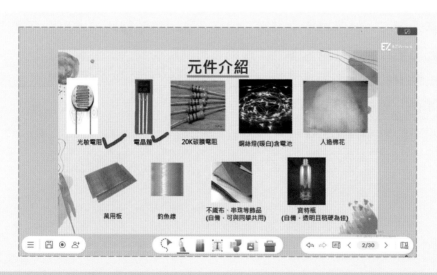

圖 5-1-1　零件清單

## 5-2 在電子白板進行三用電表教學

　　領取零件之後，下一步驟為確認零件狀態，因此在三用電表的使用教學上，教師可以先介紹完三用電表的使用方式，接著於大屏上隨機出題讓學生回答（圖 5-2-1）。而這種出題的方法應用到「4-14 幾何圖形繪製功能」，於子選單中選擇「線條」即可繪製線段，亦可選擇其他幾何圖形加以編輯應用，關於「幾何圖形繪製」的位置見圖 5-2-2。

　　點選於白板生成之線段，其線條上方會出現工具列，可對該線條進行顏色、粗細、外型等功能編輯（圖 5-2-3），其中，「線條樣式」之選項可編輯線條虛、實線，或是有無箭頭的外型（圖 5-2-4）。

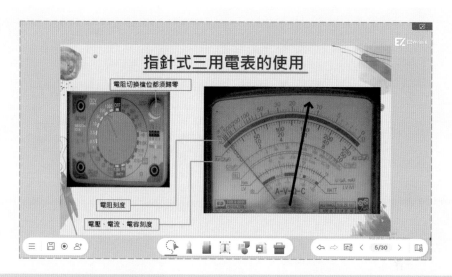

圖 5-2-1　三用電表出題畫面

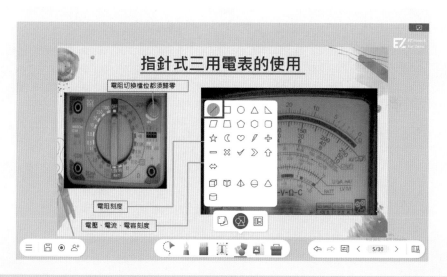

圖 5-2-2　幾何繪圖功能選擇線段或其他圖形進行應用

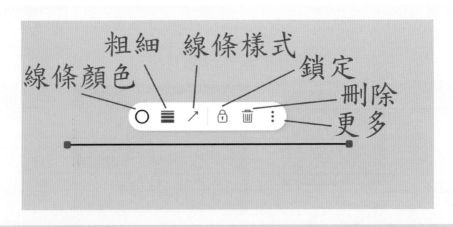

圖 5-2-3 線條工具列說明

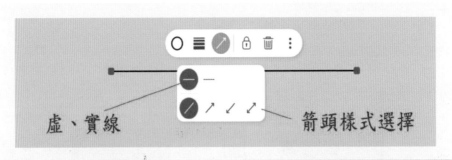

圖 5-2-4 線條樣式說明

## 5-3　練習時間管控

　　進行完三用電表教學後，接著讓學生進行零件測試與實作，讓學生練習用三用電表量測零件的電壓與電阻值。然而在實作的時間控管上，教師可以運用倒數計時器加以控制，為避免遮擋到內容可將倒數計時最小化（圖 5-3-1）。

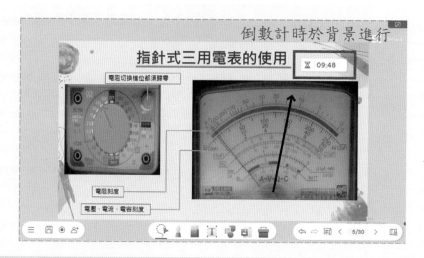

圖 5-3-1　倒數計時器的運用

關於倒數計時器介紹可參考「4-26 開啟倒數計時器」相關內容，其圖示之相關位置請見圖 5-3-2。

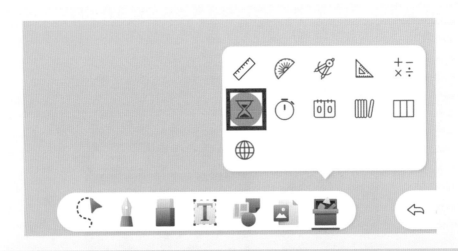

圖 5-3-2　倒數計時器位置

## 5-4　電子零件教學應用

當零件測試完畢，進行電子零件的說明過程中時，可以預先畫出矩形，並透過選色工具將矩形內部顏色透過滴管變成背景顏色，可用於預先遮住答案讓學生思考與問答，教師並可讓同學操作以揭曉答案（圖5-4-1）。

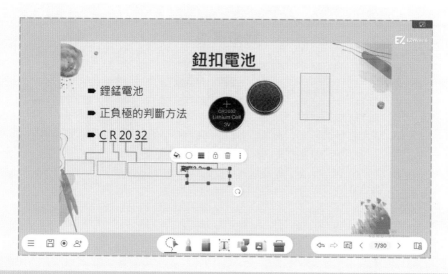

圖 5-4-1　遮住答案的運用方式

　　關於遮色塊矩形的製作方法如下：首先參考「4-14 幾何圖形繪製」繪製出矩形，接著點選矩形上方功能列中「填滿顏色」功能，接著進行以吸色滴管自訂新顏色的步驟（圖 5-4-2）即可生成一個遮色塊。同樣的概念亦可運用在電阻的教學中，教師透過色塊的應用與顏色變化讓學生加以練習（圖 5-4-3）。

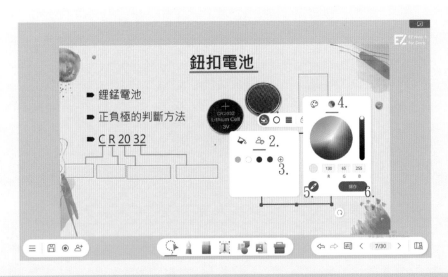

圖 5-4-2　遮色塊繪製步驟：1. 開啟填滿顏色；2. 選擇自訂色；3. 新增顏色；4. 選擇色輪；5. 點選吸色滴管；6. 點選儲存

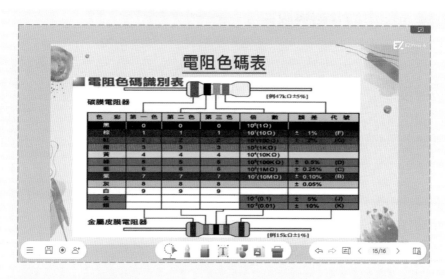

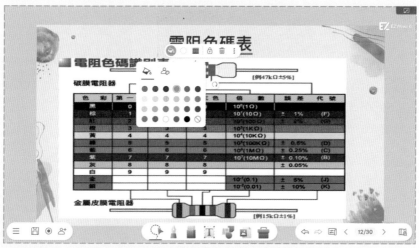

圖 5-4-3　透過更換顏色隨機出題讓學生練習應用

## 5-5　電晶體的介紹與版面

在光控雲朵燈的材料當中會有 NPN 電晶體的相關應用，然而過往應用簡報上課時頁面空間有限，往往會以換頁的方式進行說明。針對這個問題，運用大屏的延伸空間來將資訊整合便是一項解決方法。在介紹電晶體的過程中根據講解的進度，透過兩指或是滑鼠滾輪縮放所講到的重點部分。在圖 5-5-1 中，課前預先將相關的影片匯入（請參考「4-20 匯入視訊」），以及匯入圖片（請參考「4-17 匯入影像檔案」）。在課堂進行時透過縮放加以講解。

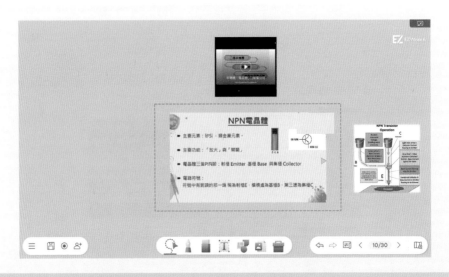

圖 5-5-1　延伸頁面的應用

　　然而，如果不小心縮放錯誤，即可透過於「4-36 白板導覽」提到的功能，透過「重設」圖示回到預設大小（圖 5-5-2）。

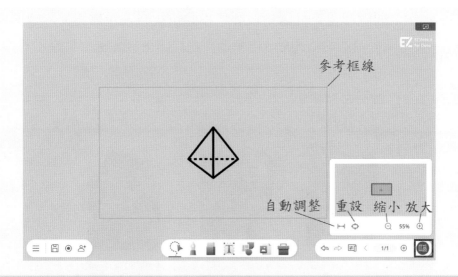

**圖 5-5-2　白板導覽位置**

### 5-6　步驟教學與箭頭的應用

在進行製作步驟教學的階段時，教師可預先繪製箭頭，於實際教學時，拖曳箭頭讓學生更能清楚教師所指的位置以及重點為何（圖 5-6-1）。此外關於箭頭的繪製於 5-2 章節中已詳述，故此處不再贅述。

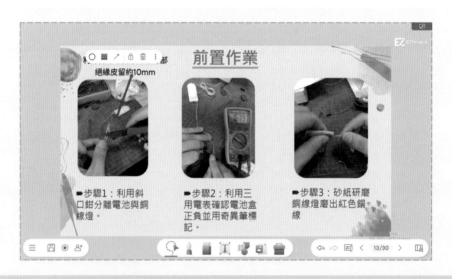

圖 5-6-1　透過箭頭引導學生關注重點

## 5-7　內嵌瀏覽器的應用實例

　　在課程進行中，當臨時想補充資訊或是查詢網頁時，可透過開啟內嵌瀏覽器即時查詢，以讓學生能夠有更多面向與豐富的資訊（圖 5-7-1）。此處應用到之技巧可參考「4-31內嵌瀏覽器」的使用方法，開啟位置見圖 5-7-2，而除了查詢功能外，亦可將瀏覽器圖片以拖曳方式複製至白板上進行講解。

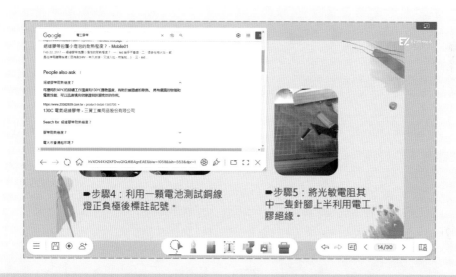

圖 5-7-1　內嵌瀏覽器課堂呈現狀況

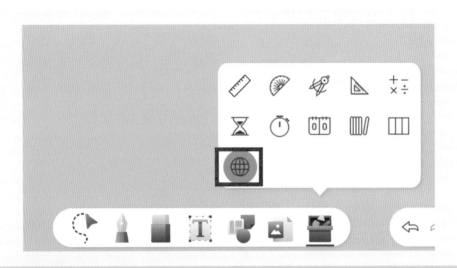

圖 5-7-2　瀏覽器位置

　　然而除了開啟瀏覽器之外,也可以於課前先進行超連結設置,細節可參考「4-22 製作超連結」,圖示位置見圖 5-7-3。

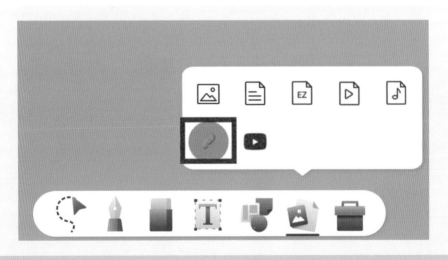

圖 5-7-3　設定超連結位置

　　第三種方法可透過「4-12 文字輸入與編輯」、「4-14 幾何圖形繪製」、「4-17 匯入影像檔案」等上方工具列的「更多」中找到「設定超連結」圖示進行設定，例如圖 5-8-4。

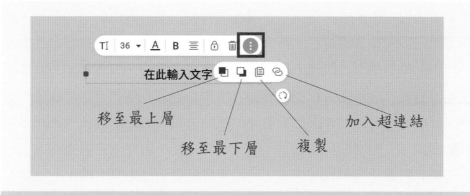

圖 5-7-4　於文字框、幾何圖形或是圖片設定超連結示意圖

## 5-8 電路圖識讀與互動活動

在第 5 章介紹的前幾段教學中,教師分別依序針對不同的電子零件與其特性介紹,並進行電子零件與其電路符號的對應說明。然而學生在學習過程中必須同時整合電子零件的外貌、了解對應的電路符號,並學習如何從接點分析電路,其大量的片段資訊造成在過往以投影片教學過程中,學生學習的狀況不甚理想。因此在大屏中,筆者嘗試將許多資訊加以整合,讓學生可以交互參照其所學習過之相關內容。學生更可以到大屏前拖曳右方零件圖片至對應的電路符號,並了解其對應關係,接著再觀察每一個接點有哪些電子零件相互連接,將左下角對應的名稱放入正確的接點之後(圖 5-8-1)。此外透過親手操作與大屏上的競賽活動,讓學生關於電子原理的知識能更加深刻,學生的接線成功率大幅提升,對於電路的理解也能更加深刻。

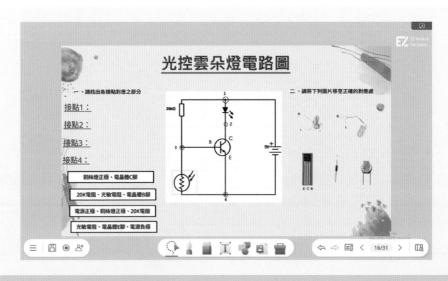

**圖 5-8-1** 雲朵燈電路教學畫面

　　於此節的相關應用首先是匯入圖片，透過照相去背後，接著可參考「4-17 匯入影像檔案」的方法將圖片匯入。而左下角的文字方塊是透過搭配「4-14 幾何圖形繪製」與「4-12 文字輸入與編輯」的功能而製作出來的（圖 5-8-2），當文字方塊製作完成後可參考「4-15 群組物件功能」介紹，將物件編成群組。

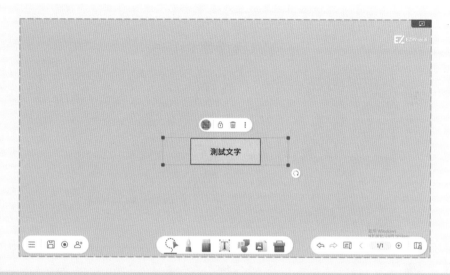

**圖 5-8-2　運用文字框、幾何圖形以及群組功能製作文字方塊**

## 5-9 裝配介紹

　　透過電路圖理解零件與零件之間的連接關係後，班上能力較佳的同學可以直接透過電路圖完成電路裝配；針對一般的同學，教師亦可提供裝配的詳細方法與照片供其參考（圖 5-9-1）。

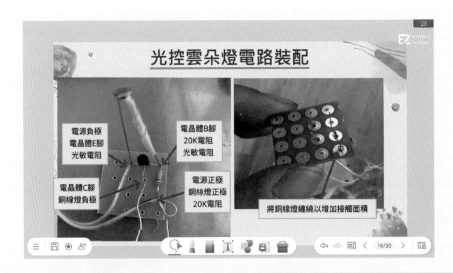

圖 5-9-1　電路裝配介紹

　　針對想要加以說明的內容，可以參考上一章節的文字方塊製作，或是採用「4-13 便利貼」功能，便利貼的相關位置如圖 5-9-2。

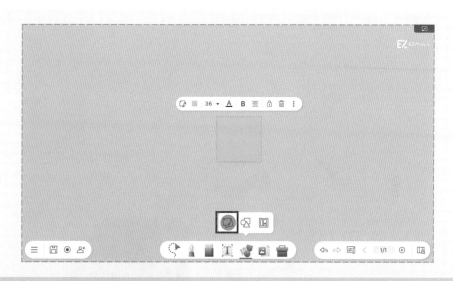

圖 5-9-2　便利貼開啟位置

## 5-10 透過計分板提升參與氣氛

　　在正式銲接開始前，介紹完銲接工具與注意事項後，可以讓學生練習工具配對，並說出每項工具其功能與注意事項。答對者予以加分（圖5-10-1）。

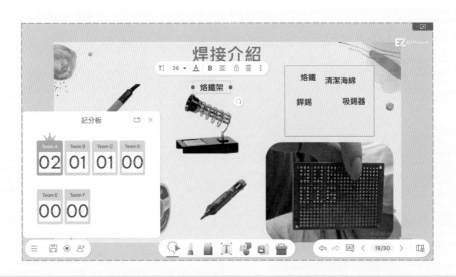

圖 5-10-1　加分工具於課堂上的應用

　　此時所用到的記分工具可參考「4-28 開啟記分板」（圖 5-10-2），
在活動中設定分組的隊名、增減分使全班一目了然，完成加扣分動作後
可將記分板最小化至螢幕邊緣，進而繼續進行課程。

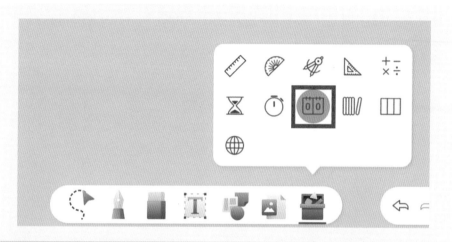

圖 5-10-2　記分板位置

### 5-11 利用拖曳動畫進行銲接教學

　　透過大屏進行銲接教學，教師可以透過「4-17 匯入影像檔案」的方式將所需的工具匯入，於大屏上拖曳說明，讓學生在正式操作之前，具有先備知識與概念，降低學生受傷機率（圖 5-11-1、圖 5-11-2）。

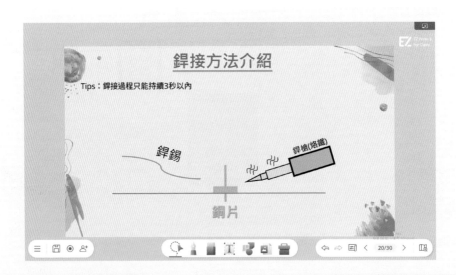

圖 5-11-1　銲接方法說明

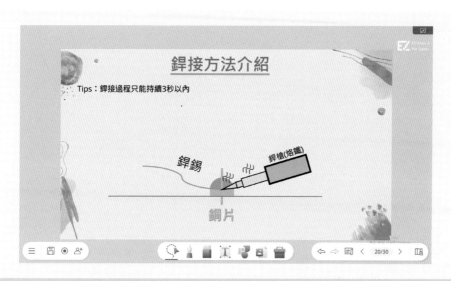

圖 5-11-2　銲接方法說明

　　在此處除了應用到匯入影像的方法之外，也透過 5-4 節提到遮色塊的方法進行應用（圖 5-11-3）。當物件都擺放好之後，特別需要留意的就是每一個物件的上下層關係，例如烙鐵不能被遮色片蓋住，可透過物件上方工具列中「更多」子選單中的「移到最上層」功能進行調整（圖 5-11-4）。

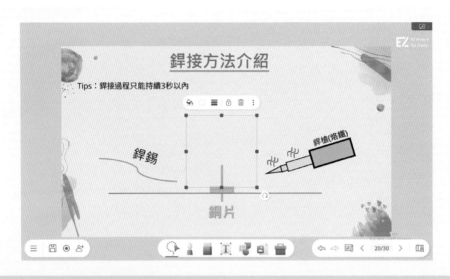

圖 5-11-3 銲接方法說明

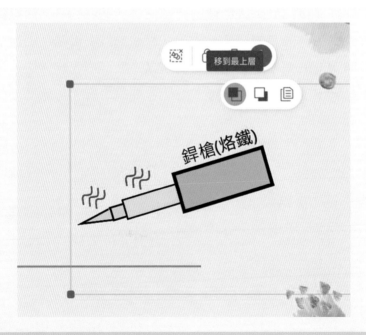

圖 5-11-4 調整上下層關係

## 5-12　利用即時錄影深入說明

　　教師於動畫講解完成後，亦可外接實物攝影機再次進行說明以加深學生印象。當外接實物攝影機時可參考「4-32 外接攝影機」，特別值得注意的是這項功能須外接攝影機之後才會出現，具體位置見圖 5-12-1。

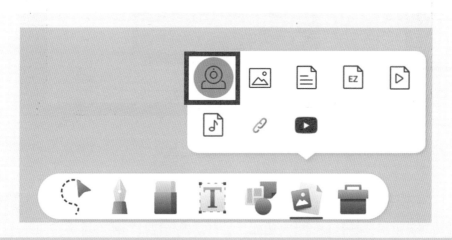

圖 5-12-1　外接攝影機圖示位置說明

　　在透過攝影機講解說明的過程中可運用「4-7 螢幕錄製」功能即時錄製教師操作的動作與步驟，錄影圖示具體位置如圖 5-12-2，結束錄影後會開啟檔案總管，存入指定裝置之後再次開啟即可進行回放，讓學生忘記步驟時能夠即時複習（圖 5-12-3）。

圖 5-12-2　錄影功能位於白板左下角一般功能區橫向第 3 個圖示

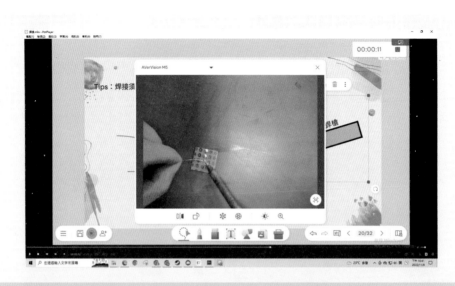

圖 5-12-3　回放上課影片

　　當電路完成之後，下一階段即進行瓶身的製作與組合，每一步驟教師皆可視情況採用錄影回放功能，避免教師分身乏術（圖 5-12-4）。

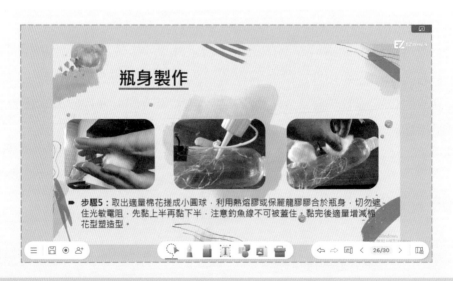

圖 5-12-4　瓶身製作範例

## 5-13 成果與過程展現

**圖 5-13-1**　光控雲朵燈工作情形

**圖 5-13-2**　中學教學過程實況

圖 5-13-3　臺師大二專班教學過程實況

圖 5-13-4　二專班成果

師大在職教師科技領域第二專長學分班，大屏 STEM 應用精彩片段剪輯：https://reurl.cc/58MmNn

## 結語

　　在班班有大屏的政策推廣之下，在校園中透過大屏進行教學勢必將會是當代教育工作者共同面對的課題。希望透過本書的介紹後，能夠減少教育工作者對於大屏的不確定與恐懼感。本書鉅細靡遺介紹各種基本操作方法，希望能讓教育工作者輕易地透過目錄與內文，快速地找到需要的資訊，藉此盡可能活化大屏的應用以減少資源的浪費。相較於投影片的頁面範圍限制，大屏教學頁面可進行拖曳畫面讓功能更加整合；許多上課會用到的工具與功能整合於一個介面之中，藉以減少教師們攜帶實體教具的負擔，減少粉筆灰的危害等等。

　　在課堂中透過大屏教學，讓班上趴下睡覺的學生變少了，讓「滑」世代透過載具以及大屏能在課堂中參與互動，盡情闡述自己的想法；透過觸控大屏及電子白板軟體，讓教學現場更加活潑靈活，讓教材更加整合，也讓資源能更加活化，希望不要讓這些科技產品淪為高級展示品。同時，更希望教育工作者能夠透過本書的介紹後，將大屏廣泛應用於自己的課程中，增加師生學習互動性。各種科目透過觸控大屏進行教學將會成為一種趨勢，而電子白板支援雲端共作，讓不同領域的教師能夠跨域整合教材，達成 STEM 的教學成果，讓學生的學習變成一種整合式的學習以呼應素養的願景。

　　筆者正著手準備第二本大屏相關書籍的撰寫，其內容將會提及 EZWrite 6 與 Google Classroom 的相關應用；深入探討有關於生生用平

板政策如何結合大屏，讓教學的互動性更佳，如何應用手上的載具變成微型攝影機，以及更多有關於不同領域的跨域合作大屏教學分享，敬請期待。最後感謝您對於本書的支持。

　　若需要光控雲朵燈完整教學檔案請寄 e-mail 至 roland.chien@ntnu.edu.tw 進行索取，感謝您的支持與配合。

國家圖書館出版品預行編目(CIP)資料

大屏STEM互動教學／簡佑宏，張育瑞，趙語涵
著. -- 初版. -- 臺北市：五南圖書出版股份
有限公司, 2023.04
　面；　　公分
ISBN 978-626-343-875-0(平裝)

1.CST: 電腦輔助教學　2.CST: 教學科技

521.57　　　　　　　　　　　112002454

1I7L

# 大屏STEM互動教學

作　　者 ─ 簡佑宏、張育瑞、趙語涵

發 行 人 ─ 楊榮川

總 經 理 ─ 楊士清

總 編 輯 ─ 楊秀麗

副總編輯 ─ 黃文瓊

責任編輯 ─ 黃淑真、李敏華

封面設計 ─ 陳亭瑋

出 版 者 ─ 五南圖書出版股份有限公司

地　　址：106臺北市大安區和平東路二段339號4樓

電　　話：(02)2705-5066　　傳　　真：(02)2706-6100

網　　址：https://www.wunan.com.tw

電子郵件：wunan@wunan.com.tw

劃撥帳號：01068953

戶　　名：五南圖書出版股份有限公司

法律顧問　林勝安律師

出版日期　2023年 4 月初版一刷

定　　價　新臺幣320元

# 經典永恆・名著常在

## 五十週年的獻禮——經典名著文庫

五南，五十年了，半個世紀，人生旅程的一大半，走過來了。
思索著，邁向百年的未來歷程，能為知識界、文化學術界作些什麼？
在速食文化的生態下，有什麼值得讓人雋永品味的？

歷代經典・當今名著，經過時間的洗禮，千錘百鍊，流傳至今，光芒耀人；
不僅使我們能領悟前人的智慧，同時也增深加廣我們思考的深度與視野。
我們決心投入巨資，有計畫的系統梳選，成立「經典名著文庫」，
希望收入古今中外思想性的、充滿睿智與獨見的經典、名著。
這是一項理想性的、永續性的巨大出版工程。
不在意讀者的眾寡，只考慮它的學術價值，力求完整展現先哲思想的軌跡；
為知識界開啟一片智慧之窗，營造一座百花綻放的世界文明公園，
任君遨遊、取菁吸蜜、嘉惠學子！